Lb 3781.

DES
PRINCIPES

POLITIQUES,

et du seul moyen

D'EN OPÉRER LA SYNTHÈSE;

PAR

J.-M. BOYER.

MONTPELLIER,

IMPRIMERIE F. GELLY, RUE ARC-D'ARÈNES, 1.

—

1843.

DES PRINCIPES POLITIQUES

ET DU SEUL MOYEN

D'EN OPÉRER LA SYNTHÈSE.

I.

Nous ferions une injure bien gratuite à Dieu, si nous soutenions qu'il dirige les sociétés, car il n'y a rien de divin dans leurs actes ; mais nous serions aussi bien aveugles, si nous ne reconnaissions rien de providentiel dans la marche de l'humanité. L'observateur intelligent, qui ne s'arrête pas à la superficie des choses, ne tarde pas à s'apercevoir qu'il existe un ordre naturel, supérieur à toutes les créations humaines et indépendant d'elles, établi par le Créateur pour servir de base et de modèle aux institutions des hommes. Cet ordre a une loi inflexible, contre laquelle viennent se briser toutes les subtilités du sophisme, loi dont la connaissance et l'amour sont indispensables au législateur. La vérité est son nom ; la logique est son arme.

On peut donc assurer que le législateur qui s'écarte de la vérité s'éloigne en même temps de l'ordre naturel ; que dès-lors, son œuvre ne promettant rien de bon à l'humanité, ne peut avoir aucune prétention à l'immuabilité, de même qu'elle ne peut entrer dans la voie de la logique sans pressentir sa défaite. C'est par la certitude instinctive de leur défaite que l'erreur et la mauvaise foi cherchent leur salut dans le despotisme, et que la liberté est leur ennemi naturel. De là naissent ces théories que le glaive soutient et qu'on ne peut combattre sans donner aux pouvoirs constitués sur de fausses bases toute l'énergie du désespoir ; c'est en effet pour eux une question de vie ou de mort. Il faudrait dans ceux qui en sont les détenteurs, un mouvement spontané vers les vrais sentiments religieux auquel on ne peut guère s'attendre dans l'état actuel de la morale publique.

Pour nous, plein de confiance dans la force de la vérité, nous ne craindrons rien tant que nous combattrons sous sa bannière, nous accepterons volontiers, avec gratitude même, toute discussion loyale. Rien ne nous intimidera : ni les intérêts lésés, ni les passions aveugles que ces intérêts soulèvent ; nous comptons assez sur nos moyens pour avoir la prétention de prouver que l'égoïsme individuel, ainsi que celui qui s'exerce sur une plus grande échelle sous le nom d'esprit de parti, naît d'un faux calcul. L'intérêt de l'individu et celui de la masse sont une seule et même chose, ou si l'on veut deux choses inséparables et solidaires.

Une pensée s'est spontanément présentée à notre esprit, dès que nous avons voulu réfléchir sur les divers principes qui sont actuellement l'objet des méditations des hommes politiques. Cette pensée est celle-ci : que leur antagonisme est plutôt apparent que réel. Retranchez, en effet, de l'opposition de chaque principe ces exagérations que la soif de la domination y a introduite, et vous verrez qu'ils se touchent, qu'il n'est pas très-difficile de les accorder, que c'est même une nécessité de le faire.

Toute société se compose nécessairement et inévitablement de trois classes distinctes, qui ont cru jusqu'à ce jour, et qui croient encore avoir des intérêts opposés. Ces trois classes sont : celle des puissants, celle des intelligents et celle de la masse ou du peuple. Chacune d'elle a des droits particuliers qu'il n'est pas permis de méconnaître sans qu'il en résulte un malaise général, prélude infaillible des secousses politiques. Tout gouvernement considéré

dans son type primitif est despotique, ou aristocratique, ou démocratique. Les types purs ont eu
chacun leurs admirateurs et leurs détracteurs, l'expérience ayant prononcé sur ce qu'ils ont de bon et
sur ce qu'ils présentent de vicieux. Or, voici comment est naturellement posé aujourd'hui le problême
social qui n'a pas encore reçu une solution satisfai-
sante : quel est le moyen d'unir la puissance et
l'intelligence à la force aveugle de la masse, qui a
toujours été un objet d'exploitation ou de terreur ?

Pour trouver la solution de ce problême, il faut
chercher dans l'ordre naturel quelle est la condition
d'existence de chacune des classes de la société, car
lorsqu'on met en question une condition d'existence,
on doit s'attendre aux plus légitimes récriminations
et soulever de vives répugnances.

La puissance (c'est de la puissance matérielle que
nous voulons parler) est attachée à la propriété. La
propriété peut être en entier entre les mains de
l'État, et alors le gouvernement est nécessairement
absolu et arbitraire, ou elle peut être entre les
mains des individus, et dans ce dernier cas, elle
devient nécessairement héréditaire.

L'aristocratie n'a pas encore été comprise ; c'est
la représentation de l'intelligence ; la condition de
son existence est dans l'élection. Admettre l'igno-
rance, même opulente dans ses rangs, c'est manquer

à son principe, et jeter dans la société un grand élément de désordre ; la transmettre par l'hérédité, c'est saper sa base, méconnaître totalement sa nature mobile, c'est enfin un non-sens politique, dont les funestes conséquences introduisent dans un corps délibérant un grand nombre d'incapacités.

La démocratie pure et absolue est logiquement impossible, et les essais qu'on en a faits ne sont pas de nature à infirmer cette opinion. Le peuple n'a pas les lumières nécessaires pour se gouverner, mais il a des droits sacrés ; il est la pépinière d'où sortent sans cesse les puissants et les intelligents, et le camp dans lequel ils rentrent dès qu'ils ont perdu les conditions qui avaient contribué à leur élévation. La condition de son existence est dans le travail ; c'est par le travail, soit manuel, soit in-tellectuel, que chacun de ses membres peut se procurer les moyens de subvenir à son entretien, et entrer, selon le mode de ses aptitudes et la nature de ses occupations, dans l'une ou l'autre des deux classes dont nous avons déjà parlé. Enlever aux in-dividus nés dans la classe du peuple, soit par des lois qui les renferment dans le cercle où ils se trou-vent, soit en les privant d'une éducation convenable et supérieure, la faculté de s'élever au-dessus de leur position, c'est non-seulement commettre un crime de lèse-humanité, mais c'est méconnaître un principe et exposer la société aux mêmes dangers qui menacent une partie du globe toutes les fois que le cratère d'un volcan est fermé. Le principe que l'on méconnaît dans ce cas, n'est autre que celui de la liberté.

Trois principes se trouvent donc en présence dans l'examen rapide que nous venons de faire : celui de l'hérédité pour la puissance matérielle, celui de l'élection par la capacité pour l'intelligence, celui de liberté ou de libre développement pour le peuple. L'intégrité de chacun de ces trois principes est nécessaire pour former une bonne constitution. On peut juger à *priori* une constitution quelconque ; on peut apprécier d'une manière positive les fautes commises par les révolutions dans leurs œuvres de régénération, en prenant ces trois principes pour criterium ou pour guides. Lorsqu'on veut juger sainement, il faut toujours réduire les choses à leur plus simple expression. Nous avons beaucoup d'hommes qui lisent, malheureusement parmi ce nombre, il en est peu qui méditent et réfléchissent ; cependant, la réflexion est la plus belle comme la plus noble fonction de l'intelligence.

II.

Nous donnons le nom de puissants à ces hommes que la naissance ou le talent a élevés assez haut pour imposer à quelques-uns de leurs semblables des conditions de clientelle ou de domesticité. Ils représentent la puissance matérielle du sol ou du numéraire qu'ils possèdent.

Cette puissance est dans l'ordre naturel des choses; on ne pourrait jamais la détruire, mais il est permis d'en combattre et d'en prévenir les abus. Les lois doivent veiller à ce qu'elle ne s'acquière que par des moyens moraux, et à ce que les hommes qui composent cette classe de la société n'empiètent pas sur les droits des autres. Ces hommes doivent supporter la majeure partie des charges de l'association, puisqu'ils en ont presque tous les avantages.

Ici se présentent, dans les rapports naturels de la propriété avec le trône, des considérations d'un grand intérêt, que notre impartialité et notre amour de la vérité nous feraient aborder, si l'état actuel de la législation ne nous forçait de les ajourner. L'écrivain politique court à peu près les mêmes dangers que le naturaliste que l'amour de la science attire vers nos monts pyrénéens pour en explorer les richesses. Quel n'est pas l'embarras de ce dernier, lorsque dans ses excursions scientifiques, armé du seul crayon qui lui sert à prendre des notes, il aperçoit, couché en travers de l'étroit sentier qu'il suit, un de ces terribles hôtes de la forêt aussi irrascible que discourtois ? Ira-t-il réclamer poliment auprès de cet être, que notre admirable Lafontaine a reconnu pour *un très-mauvais* complimentateur, son droit de passage? ou bien engagera-t-il témérairement un combat corps-à-corps, et compromettra-t-il sa frêle machine dans une lutte inégale avec ce nouvel Anthée, lui qui n'a jamais ambitionné la gloire d'Hercule? Non, il agit avec prudence, en prenant un autre chemin et portant ses investigations ailleurs. Il se retire, non devant la supériorité de son antagoniste, mais devant sa brutalité, se promettant fermement de n'avoir plus la même déférence pour cette barrière de chair inintelligente, dès que l'expiration de l'arrêté préfectoral, qui désarme tous les citoyens sur le seuil de leurs portes, lui permettra l'usage de ses armes, produit de l'intelligence, au moyen desquelles la victime ne calcule plus sur la masse des corps, et dont l'invention annonça aux hommes que le règne de la force brutale ne serait pas éternel. Revenons à notre sujet.

Lorsque nous avons dit que la naissance ou le talent donnait la puissance à certains hommes, nous n'avons entendu parler que de cette puissance matérielle qu'accorde la richesse, et il est certain qu'il n'y a que deux moyens légaux de la posséder: on n'est propriétaire que par droit d'héritage ou par celui d'acquisition. Sans préjuger l'action légitime de la loi sur ce mode de puissance, nous dirons qu'elle n'est elle-même légitime que tant qu'elle se borne dans sa sphère, et que sa seule garantie de stabilité est dans l'hérédité. Nous connaissons tout ce qu'on a dit contre ce mode de transmission de la fortune, mais il est le seul rationnel, comme il est le seul qui puisse assurer la paix et la liberté sur la terre. L'homme a des droits incontestables sur les choses qui l'environnent, et ces choses ont été faites pour lui. Il peut donc acquérir, et lorsqu'il a acquis, il peut conserver, car sans cela l'acquisition serait une faculté illusoire, et c'est conserver que de transmettre à celui qui le continue. Accorder à un tiers la faculté de donner une autre destination aux produits des travaux et des économies des membres d'une société, c'est ouvrir une large voie à l'arbitraire, et l'arbitraire est l'unique source des révolutions.

Il n'y aura jamais de sécurité pour une société qui ne respectera pas la propriété. C'est le propre de la tyrannie de porter de profondes atteintes à ce droit dans les personnes de ses ennemis. L'antiquité reconnaissait mieux la sainteté de ce droit, car ses mœurs barbares autorisaient le meurtre de toute la parenté d'un coupable ou d'un vaincu politique; par ce moyen la confiscation devenait légale faute d'héritiers. Plus tard, lorsque ces actes de férocité ne trouvèrent plus de sympathies , la confiscation des biens d'un proscrit brisa entre les mains de ses enfants toute puissance matérielle. Une telle mesure pouvait être prudente , mais elle n'était pas juste. Aussi a-t-elle été abolie en droit, quoiqu'elle existe encore en fait. N'est-ce pas, en effet, quelque chose qui se rapproche de la confiscation, que ces procès ruineux et ces amendes énormes, qui , engloutissant toute la fortune de celui qui se sacrifie au triomphe de ses convictions , plongent ses enfants dans la misère ?

Il existe un principe conservateur de la société que le législateur ne saurait trop se hâter de proclamer. C'est que l'homme qui a des enfants n'est que l'usufruitier de sa propriété ; que cette propriété doit inévitablement passer à ses enfants dans un ordre de succession immuable et directe défini par la loi. En enlevant les biens d'un coupable, on punit ses enfants innocents, et en rendant ce qu'on appelle la justice, on pêche contre l'équité. Mais nos conservateurs ne s'embarrassent pas de si peu de chose, eux qui nous représentent sans cesse la société sur le point d'être envahie par les niveleurs. Ils changent l'ordre d'hérédité des trônes ; ils confisquent par des amendes énormes , et ne cessent de crier que la propriété doit être respectée. Nous le disons aussi comme eux, mais bien différents d'eux, nous ajoutons : toute propriété, légitimement acquise, est inviolable et sacrée.

III.

Nous donnons le nom d'intelligents à ces hommes qui, regardant l'étude et la méditation comme un devoir sacré, consacrent à ce pieux exercice tous les moments dont ils peuvent disposer. Ces hommes ont des droits que, jusqu'à ce jour, ils n'ont pu faire valoir qu'en employant des moyens détournés : la direction des sociétés leur appartient. Nous l'avons déjà dit, il existe en-dehors des combinaisons humaines, un ordre de choses naturel, que le mauvais vouloir peut bien entraver, mais dont il ne peut s'affranchir entièrement. Les intelligents exclus du pouvoir par la force matérielle, l'ont circonvenu et s'en sont emparés dès l'origine des sociétés à l'ombre des autels : tel était leur droit. Voyez quelle était l'influence des prêtres en Égypte; ils formaient le conseil du souverain, réglaient les heures de ses occupations et de ses loisirs, portaient leurs investigations même sur sa table ; enfin, le censuraient après sa mort. Les hébreux ont été longtemps gouvernés uniquement par leurs grands prêtres, et chez eux le sacerdoce a toujours eu la plus grande influence. Rome même, cette fière maîtresse du monde, était souvent menée comme un enfant par ses oracles, ses aruspices et ses prêtres ; il en a été de même partout. Dans le moyen âge, lorsque la société était divisée en deux classes distinctes, la noblesse et la roture, les intelligents trouvèrent dans le sacerdoce un moyen de sortir d'un état réputé abject, et d'élever une puissance plus digne de respect, à côté d'une autre puissance qui se passionnait pour l'igno-rance. Chacun connaît les grands bienfaits répandus sur la société par le clergé catholique. Défenseur du faible, il faisait trembler les rois sur le trône, dans ces temps de barbarie et de despotisme, où les têtes couronnées ne mettaient aucun frein à leurs passions. Par lui, la science s'est généra-lisée, et la liberté et l'égalité ont été prêchées aux hommes. Il peut donc s'attribuer la gloire d'avoir commencé l'émancipation de l'humanité.

Nous ne prétendons pas nous faire les apologistes des écarts du clergé. Nous savons qu'il a failli à sa mission du moment qu'il s'est fait puissance au moyen de la propriété ; du moment qu'il a cru pouvoir suppléer au mérite par le nombre, du mo-ment que, donnant les mains à de tristes combi-naisons de famille, il a reçu dans son sein ces individus inutiles qui désertaient le service de la société pour s'ensevelir dans une pieuse oisiveté. Mais nous reconnaissons qu'il a sauvé la science du naufrage pendant ces tempêtes terribles que la barbarie du moyen-âge a soulevées sur les sociétés ; mais nous reconnaissons que le sacerdoce , tant payen que chrétien , a été l'éducateur de l'humanité , et que ce ministère est encore le sien , car c'est à la moralité, unie à l'intelligence, qu'appartient le droit de faire l'éducation des hommes. N'est-ce pas auprès des prêtres d'Egypte que les Platon , les Pythagore, les Démocrites, les Solon , les Lycurgue , etc. , allèrent puiser les sciences qu'ils portèrent dans leur patrie , et que les vainqueurs de la Grèce répandirent dans le monde alors connu ?

Le beau temps du sacerdoce payen fut bientôt passé ; l'hérédité fut la cause de ce prompt déclin. L'intelligence ne se transmet pas, en effet, comme une chose matérielle ; elle ne passe pas nécessairement du père au fils , et celui qui est l'héritier d'un pouvoir que donne la science, jette sur ce pouvoir la plus grande défaveur, lorsqu'il ne la possède pas. Le clergé catholique a été dans le vrai , lorsqu'il a rejeté l'hérédité ; son pouvoir plus fortement constitué a duré plus longtemps. Il a pu admettre ainsi dans son sein toutes les capacités , et par l'élection , il donna dans son bon temps à chacun de ses membres éminents , un rang en harmonie avec son mérite. Malheureusement pour lui et pour l'humanité , les privilégiés de la naissance l'envahirent un jour ; dès-lors, ses charges les plus élevées devinrent la proie d'une hérédité bâtarde , cent fois plus désastreuse que l'hérédité directe du sacerdoce payen. Voilà la cause de son abaissement et du discrédit dans lequel il tomba.

Le clergé catholique désertant sa mission , ou subissant le joug de la puissance temporelle , l'intelligence avait à trouver une autre voie pour ressaisir la place dont on venait de la chasser. L'étude des lois lui ouvrit cette nouvelle carrière. Une noblesse ignorante et orgueilleuse, que la profession des armes occupait uniquement, crut augmenter sa prépondérance ou cacher son incapacité , en faisant rendre sous son nom une justice qu'elle avait jusqu'alors rendue elle-même. Peu à peu, ces hommes d'étude acquirent une influence qui leur permit de s'ériger en corps et de faire sentir à leurs premiers protecteurs quel est le rôle naturel de la science dans les destinées de l'humanité. C'est ainsi que la magistrature créa, après plusieurs générations, une noblesse qui ne tarda pas à prendre le pas sur son aînée , et se vengea de ses superbes dédains , en écrivant victorieusement sur sa bannière : *Cedant arma togæ.*

Aujourd'hui l'intelligence n'est plus renfermée dans les cercles étroits du clergé , de la magistrature et des professions libérales ; mais les hommes honorables qui en font partie appartiennent à la classe intelligente, ayant droit aux mêmes avantages, dès que les droits de l'intelligence seront reconnus. Par suite de ce que l'on veut bien appeler le progrès, nous en sommes venus au point que l'intelligence se trouve exclue de la politique. Nous ne voulons pas dire que tous ceux qui ont des droits politiques soient inintelligents, telle n'est pas notre pensée, mais ce n'est pas comme intelligents qu'ils possèdent ces droits, c'est en qualité de puissants.

Autrefois, par son seul mérite, un homme né dans les rangs du peuple, pouvait être ministre d'un grand roi; et d'un pâtre, on pouvait faire un pape. Aujourd'hui, sous un gouvernement constitutionnel, pour parvenir aux premiers emplois de l'état, il faut être éligible, et la papauté, faussée dans son élection, ne s'obtient que par l'appui des rois. Demandez à nos modernes législateurs quels ont été leurs titres; tous vous diront, et beaucoup ne pourront que vous dire : cinq cents francs d'impositions. Demandez à nos électeurs quels sont leurs titres pour faire les législateurs, et le plus grand nombre d'entre eux, surpris de cette question, vous répondra : mais qu'est-ce qu'un législateur ? nous n'entendons rien à cela. Nous nommons des députés, parce que nous avons besoin d'une route, d'un canal, d'une chaus-

2

sée , etc. , tous le reste nous intéresse peu ; que notre localité soit représentée à la chambre , voilà tout ce que nous voulons. N'avons-nous pas besoin de routes et de canaux pour écouler les produits de nos domaines et de nos manufactures , nous qui sommes les propriétaires du sol et des grandes usines? Qu'avons-nous à faire de la politique du gouvernement , pourvu que nos intérêts matériels ne soient pas en souffrance ? Enfin , nous payons deux cents francs d'impositions ; voilà , nous l'espérons , une garantie suffisante de notre intelligence.

Voilà ce qui devait arriver inévitablement , voilà quelles sont les conséquences de cette faute immense qui a été commise, lorsqu'on a voulu accorder à la puissance des droits qui n'appartiennent qu'à l'intelligence. Jamais le nombre des intelligents n'avait été plus grand que de nos jours, et jamais ils n'ont été l'objet d'une plus grande méfiance. L'intelligence a des droits que personne ne peut contester, mais au lieu de la chercher dans une seule classe de la société, il faut la prendre partout où elle se trouve; les questions intellectuelles ne peuvent être posées et résolues que par elle.

Toute société qui crée une aristocratie autre que celle du talent, n'aura jamais que de mauvais gérants: l'expérience consacrera toujours la vérité de cette théorie. Mais, dira-t-on, comment reconnaître le talent? Nous répondrons à cela : admettez d'abord le principe et vous verrez que la chose sera aisée. Vous savez bien reconnaître ceux qui sont aptes à entrer dans vos écoles nationales et à exercer les professions libérales, et vous ne pourriez pas savoir quels sont les hommes qui sont aptes à juger une question sociale? Vous voilà embarrassés pour peu de chose, posez un degré pour cette matière, et n'admettez que ceux qui pourront y atteindre, mais admettez tous ceux qui en seront dignes, sans vous informer à quelle classe de la société ils appartiennent, parce qu'ils sont citoyens du même pays, qu'aussi bien que vous ils aiment leur patrie, et que mieux que vous ils sont capables d'en faire défendre les intérêts. Mais surtout ne continuez pas à vouloir immobiliser, par l'hérédité, des choses aussi mobiles que le talent et le mérite.

IV.

Nous avons dit que la démocratie pure était impossible; cela devient évident dès qu'on reconnaît les droits de l'intelligence. Si nous contestons à la classe des puissants l'aptitude nécessaire pour diriger les affaires du pays, parce qu'elle renferme encore beaucoup d'hommes qui n'ont pas assez d'instruction, nous n'irons pas accorder une intervention à ceux qui, nécessairement plus ignorants , trouvent que la journée n'est pas assez longue pour gagner le pain qui doit alimenter leurs familles. De deux choses l'une, ou la démocratie serait dominée par la classe des puissants et nous ramènerait vers l'absolutisme, où elle céderait à de basses suggestions et nous apporterait l'anarchie avec ses terribles conséquences.

Nous le disons sincèrement : aucun grand pays ne pourra trouver de sécurité, sous un gouvernement purement démocratique, tant que le peuple ne sera pas suffisamment instruit : il serait tous les jours à la veille d'une catastrophe. Le peuple ne peut être considéré que comme une terre vierge, à laquelle une bonne culture doit donner une grande valeur, ou comme un enfant portant le germe des plus grands talents, qui ne peuvent se développer que par une éducation convenable. C'est de-là que doivent sortir ces hommes de talent, de mérite et de génie, destinés à remplir les cadres d'une aristocratie viagère dont les rangs s'éclaircissent tous les jours. Le travail développe nécessairement les facultés humaines, et la classe des puissants ne s'abâtardit que par l'oisiveté. L'aristocratie, devenue puissante, obéit aussi à cette fatalité, et ses enfants ont besoin de se retremper de temps en temps à la source d'où sont sortis leurs aïeux.

Ceux qui flattent le peuple de l'espérance d'un

pouvoir qui ne peut se réaliser, se trompent grossièrement. Toute action sur la direction des affaires réclame une intelligence parfaite des moyens qui peuvent mener ces affaires vers une terminaison heureuse. Sans cela on ne doit s'attendre qu'à des déceptions, et la société n'a plus de salut que dans cette loi divine de réaction qui a posé une borne aux erreurs humaines. Le travail, devoir sacré pour tous les hommes en général, est de plus pour le peuple une condition d'existence; il est donc en même temps pour lui un droit et un besoin, et tout gouvernement sensé doit veiller à ce que ce besoin reçoive une entière satisfaction. Mais tout individu de la famille humaine, apporte en naissant une aptitude naturelle ou une disposition particulière, pour un genre de travail et souvent une antipathie pour un autre genre. Si l'individu était libre, il embrasserait par inclination le travail qui serait le plus conforme à ses goûts; il y gagnerait, et la société aussi; car Dieu a varié les aptitudes dans des proportions relatives aux besoins de l'humanité. Mais il en arrive autrement, peu d'hommes dans la classe du peuple peuvent suivre la carrière que leur a marquée la nature; ils ont presque tous une ligne tracée d'avance dont ils ne peuvent dévier, sans s'exposer à toutes les horreurs de la misère, ou faute d'instruction convenable. Le principe de la liberté se trouve faussé en eux, car la liberté n'est pas la faculté de tout faire, mais la faculté d'acquérir. Or, les acquisitions sont de deux natures bien différentes : elles sont ou matérielles ou intellectuelles. Ces deux modes d'acquisition se prêtent un mutuel appui, c'est-à-dire que celles qui ont été faites dans l'ordre intellectuel, peuvent servir à en faire d'autres dans l'ordre matériel, et réciproquement. Les hommes qui ont déjà une certaine aisance matérielle, peuvent se jeter dans la voie qui convient le plus à leurs goûts ; ils sont libres, tandis que ceux que la misère talonne ne le sont pas. Ils n'ont d'autre carrière que celle des travaux manuels, et encore de ces travaux manuels qui sont le plus faiblement rétribués. Ainsi passent et s'éteignent en germe, grand nombre de talents qui auraient pu rendre à la société des services signalés, et que la société a rejetés comme des parias hors de son sein. Avec l'économie et l'amour du travail, il faut plusieurs générations pour acquérir honnêtement une aisance matérielle, lorsque la science n'adoucit pas les difficultés du travail, et peut-on bien compter sur l'amour du travail, et sur l'économie de plusieurs générations? Aussi la plupart des travailleurs, rebutés par les difficultés sans nombre qu'ils rencontrent à chaque pas, se laissent-ils aller à une insouciance funeste qui perd l'avenir de leurs familles. Reconnaissons-le hautement : il n'y a pas de liberté pour le peuple, tandis que ce bien suprême serait pour lui une réalité, si le pouvoir, fidèle à sa mission, non-seulement lui fournissait tous les moyens d'instruction, mais même imposait à chacun de ses membres l'obligation de s'instruire.

Mais, dira-t-on, l'homme en faveur duquel vous réclamez la liberté, ne sera donc plus libre de rester dans l'ignorance ? Pourra-t-on sévir contre ce genre de mauvais-vouloir ? Et d'ailleurs, où l'état trouve rait-il les ressources nécessaires pour subvenir aux frais d'une éducation entreprise sur une aussi grande échelle ?

Est-il bien vrai, répondrons-nous, que vous pensez sincèrement que l'homme peut rester ignorant ? Et cependant, si nous vous prions de définir l'homme, vous nous direz : c'est une créature intelligente. Et vous croyez réellement qu'une créature intelligente peut faillir à sa mission ? Vous croyez que le gouvernement a la faculté de demander à un homme le sacrifice de sa vie pour la défense de la société et quelquefois pour donner satisfaction à une vaine ambition, et vous ne pensez pas qu'il puisse le contraindre à remplir une condition réelle de l'humanité, lorsque cette condition peut seule ennoblir et embellir sa vie ?

Le pouvoir a trouvé, lorsqu'il l'a voulu, des

lois qui tyrannisent les consciences, et il n'en trou-
verait pas pour émanciper les hommes? La liberté
n'est pas une chose que l'on donne, c'est un bien
qu'on acquiert comme tous les autres biens par le
travail. Lorsque l'homme parut sur le globe, il le
trouva peuplé d'animaux féroces, des attaques
desquels il dut se garantir; la terre ne produisait
que des fruits sauvages, la science n'était pas à
l'état de corps. Réduit à ses seuls mouvements
instinctifs, il se bâtit une demeure pour sa sûreté;
secondé par cette admirable organisation qui mar-
que les vues providentielles du créateur sur lui, il
saisit quelques éléments de la science et groupa
autour d'eux lés produits de ses observations; il
cultiva la terre pour se procurer une alimentation
plus facile; enfin il ne put cultiver le monde matériel, sans cultiver aussi le monde intellectuel, car
ces deux modes de culture sont inséparables, et plus
le domaine de la science s'accroît, plus celui de
la matière donne des produits; si vous tenez tant
aux biens de la terre, soyez conséquents avec vous-
même en lui donnant des colons intelligents : c'est
le seul moyen de répandre l'abondance sur le globe,
comme c'est le seul moyen d'y établir le règne de
la paix, en accordant à chacun la puissance de faire
valoir ses droits.

Quant à ce qui concerne les fonds nécessaires

pour les honoraires de tant de professeurs, vos craintes ne sont pas plus fondées. On trouve le moyen de rétribuer grassement tant de sinécures, on paie si largement des hommes qui ne font presque rien (car le salaire de l'employé n'est pas calculé sur son travail, mais en raison inverse de ses occupations), et vous pensez qu'on ne pourrait pas rétribuer des hommes utiles qui consacreraient leur vie à la plus noble des professions? Avez-vous réfléchi que vous avez dans les campagnes des hommes honorables par le ministère qu'ils remplissent, qui pourraient vous être d'une grande utilité? Avez-vous réfléchi qu'il n'y a rien au monde de plus contagieux que la science, et qu'il suffit de mettre l'ignorant en rapport avec le savant, pour que le premier gagne à ce rapprochement? Avez-vous réfléchi enfin à toute l'heureuse influence qu'exerce sur sa famille une mère instruite? Mettez tous les hommes véritablement intelligents à l'œuvre, en un mot, accordez la liberté à l'enseignement, en exigeant toutefois des maîtres, les conditions de capacité et obligeant les parents à envoyer leurs enfants aux écoles, et vous peuplerez le pays d'hommes capables et dignes de la liberté par leur moralité; vous peuplerez le pays d'hommes qui regarderont l'éducation, non comme un moyen de s'affranchir du travail, mais comme un moyen de faire le travail avec plus de facilité et en dépensant moins de forces.

V.

L'homme éclairé qui veut jeter sur les diverses sociétés qui se sont succédées un coup - d'œil impartial, ne tarde pas à se convaincre qu'on peut définir par ces deux mots, *incapacité, immoralité,* la marche de l'humanité. Toutes les législations, en effet, issues d'un même principe, ne tendent qu'à un seul but, l'intérêt matériel d'une classe de la société. Elles ont opprimé d'une manière patente tant qu'elles ont eu devers elles une grande force, et d'une manière latente dès qu'elles ont perdu une partie de leur vigueur. Tout dans la marche de l'humanité nous révèle la main d'une aristocratie de la richesse, tantôt nobiliaire, tantôt bourgeoise, mais toujours ignorante, mais toujours égoïste, tenant les rênes des destinées des peuples et les guidant d'une manière aveugle, souvent même contraire à ses véritables intérêts. Un seul des replis ténébreux du cœur humain a reçu une complète satisfaction à cet état de choses, c'est l'orgueil. La classe des puissants a toujours pu dire à l'humanité : donne-toi une monarchie, et je la mettrai sous ma tutelle ; soumets-toi un pouvoir théocratique et je me l'associerai ; adopte la forme démocratique et je la dominerai; et si tu prends un gouvernement aristocratique, je suis souverain de droit, car qu'est-ce que l'intelligence? N'est-ce pas moi qui fais vivre ceux qui la possèdent? Prétendra-t-on m'opposer les droits d'une science que je méprise? Non, dans l'homme c'est la matière qui prédomine, et le détenteur de la puissance matérielle sera toujours souverain de fait.

Voilà quel est le fonds de toutes les législations! Voilà la cause de tous les maux qui ont pesé sur la famille humaine. Le pouvoir entre les mains d'une aristocratie anormale, et par suite incapable! il n'est pas possible de les trouver ailleurs! Il est vrai que les autres classes lui ont rendu souvent avec usure les maux qu'elles en avaient reçu, mais ces temps déplorables, funestes conséquences d'une réaction aussi aveugle et brutale que l'action avait été tyrannique et immorale, ne doivent rester dans la mémoire des hommes que pour les prémunir par les leçons de l'expérience, contre les dangers de l'égoïsme.

L'humanité doit désormais adopter une autre devise : *Respect aux droits de tous,* telle est celle qui sera inscrite sur sa bannière, dès que l'éducation aura régularisé le cours de ses idées. Le respect des droits découle nécessairement de la connaissance et de l'amour des devoirs, et celui qui portera dans son cœur de pareils sentiments, sera toujours un homme

religieux. Le bonheur n'est pas une chose idéale ,
c'est la condition suprême de la civilisation parvenue
à son état de perfection. Il est temps que l'humanité
obéisse à la voix de Dieu qui l'appelle au bonheur ,
non par fractions, mais collectivement; il est temps
qu'elle obéisse à cette voix , qui a un écho dans le
cœur de chacun de ses membres et confirmée
par soixante siècles d'expérience , au moyen de
laquelle l'homme sait que pour être heureux il n'a
qu'une seule route légitime, celle de l'amour. Nul
ne peut forger des chaînes pour son semblable, s'il
n'est déjà l'esclave de ses passions ; nul ne peut méconnaître les droits des autres s'il n'a déjà renoncé à
sa propre estime ; enfin , nul ne peut penser à priver
certains hommes de la satisfaction de leurs besoins
matériels et intellectuels , s'il n'a déjà méconnu ses
propres besoins moraux. Le bonheur, chose, ou si
l'on veut le personnifier être complexe, ne réside
pas dans la seule possession des objets matériels , il
faut encore allier à ceux-ci le savoir et surtout la
moralité.

Les divers partis politiques peuvent s'entendre
facilement, s'ils veulent seulement mettre un peu de
bonne foi dans leurs exigences , car ils partent tous
d'un principe vrai , mais qui n'est ni unique, ni
absolu. Les uns veulent un gouvernement aristocratique, et ils ont raison , parce que le pouvoir appar-

tient naturellement à l'intelligence (1); seulement, il faut que l'intelligence soit réelle et non présumée. Les autres veulent l'intervention du peuple dans les affaires, et nous pensons que cela doit être, du moment que le peuple sera assez instruit pour intervenir avec connaissance de cause; mais alors, ce sera comme intelligents et non comme représentant une classe de la société, que les membres du peuple auront ce droit (2).

Chaque système a droit de vie par la seule raison qu'il vit; il faut donc respecter en lui la condition de son existence. La propriété individuelle n'a de condition d'existence que dans l'hérédité. La force de l'intelligence se trouve dans la science, et puisque la science n'est pas héréditaire, c'est un non-sens d'établir sur l'hérédité les droits des pouvoirs de l'état; ces pouvoirs doivent nécessairement être élus par des hommes éclairés et renouvelés à des épo-

---

(1) Le mot *aristocratie* signifie le gouvernement des meilleurs, et pour qu'un tel gouvernement soit normal, il n'y a qu'à le rendre conforme à son étymologie.

(2) Il est cependant nécessaire de faire l'observation suivante : si l'on donne à l'élection une base matérielle, c'est-à-dire l'impôt, il serait juste que tout homme payant une cote quelconque, fût électeur; toute ligne de démarcation entre les ayant-droits et ceux qui ne peuvent l'avoir, est arbitraire et par conséquent illogique; tandis que si cette base était la capacité, on pourrait dire logiquement à tout homme qui se présenterait : si vous avez quelque notion de ce que vous allez faire, entrez, votre boule sera d'une manière avantageuse dans la balance, mais si vous ignorez complètement de quoi il s'agit, retirez-vous, votre suffrage ne peut compter.

ques déterminées. Mais comme, quoiqu'on fasse, le corps des intelligents sera toujours restreint, il faut le former de tous ceux qui ont réellement la capacité nécessaire, sans s'enquérir de qu'elle classe de la société ils sortent. Enfin, la condition d'existence est dans son libre développement par le travail, sans quoi, il ne serait qu'une continuation adoucie du serf, et il faut que chaque individu de cette classe puisse se livrer à un travail qui ait des rapports avec ses aptitudes. Ainsi, deux classes distinctes, celles des puissants et celle du peuple, l'une ayant des droits acquis, l'autre ayant des droits naturels et la faculté d'acquérir, sont appelées à former en commun une troisième classe, essentiellement mobile, destinée par l'ordre naturel des choses à diriger la société, dont elle forme le corps délibérant. Cette troisième classe est celle des intelligents, dont les droits, jusqu'ici méconnus, n'ont cessé d'agiter les sociétés.

Détruire l'hérédité, c'est détruire la liberté; l'appliquer à des choses qui ne sont pas par leur nature héréditaires, c'est encore détruire la liberté en s'opposant au libre développement de l'intelligence et à son action salutaire sur la société. Appliquer l'élection aux choses matérielles, c'est nier le droit de propriété, c'est se réserver le droit de déposséder même de son vivant le titulaire, du moment qu'il aura déplu au pouvoir et mettre tous les jours en question le présent et l'avenir des familles dont on relache ainsi les liens. Remettre le pouvoir à des hommes ignorants qui ne peuvent vivre que par un travail assidu, c'est exposer la société aux conséquences de l'incapacité, renverser tous les droits de l'intelligence pour établir le règne de la force brutale sur les débris des lois. Jouir de la liberté, ce n'est pas avoir part au pouvoir, c'est avoir la faculté de se développer, et on aura tout fait pour le peuple, dès qu'on lui aura donné les moyens d'atteindre l'aisance matérielle et de prendre une éducation supérieure.

Tout ce qui a été fait jusqu'ici peut être considéré comme de peu de valeur et même nul pour la théorie. Aucun législateur n'a encore tenté de lier l'ordre social à l'ordre naturel, en prenant la vérité pour son seul guide. Cependant, la vérité est une force de la trinité divine qui ne peut guider l'humanité que vers le bien. Elle leur a néanmoins paru dangereuse, et nos Codes ont voulu la proscrire pour mettre à sa place des fictions, plus ou moins ingénieuses, mais toutes nuisibles aux progrès et capables d'arrêter ou de faire rétrograder la civilisation.

Nous dirons donc à ceux qui s'occupent sérieusement des questions politiques : il existe en dehors de vous une force supérieure que vous pouvez bien méconnaître si vous êtes portés de mauvaise volonté, mais vous ne ferez jamais rien de bon tant que vous ne lui serez pas respectueusement soumis. Avec du talent on peut réussir à tromper les hommes, à leur donner le change sur leurs intérêts réels ; mais on ne peut les rendre heureux qu'en leur inspirant l'amour de la vérité. Ne continuez pas à tenter l'impossible en intervertissant l'ordre naturel et confondant tous les droits ; tous vos efforts ne serviraient qu'à rendre votre incapacité plus évidente. En faisant un globe de la terre que nous habitons, et ne lui donnant qu'un seul soleil pour l'éclairer, dieu s'est résigné à voir la moitié de son ouvrage privé de la lumière directe une partie de la journée ; il ne pouvait éviter cet inconvénient, si inconvénient il y a ; imitez sa sagesse en vous soumettant à la puissance des lois qu'il a établies.

FIN.